I

OBSERVATIONS

SUR LE

RAPPORT DE M. DE TOCQUEVILLE,

RELATIF A

L'ABOLITION DE L'ESCLAVAGE

DANS LES COLONIES,

ET QUELQUES MOTS

SUR LA LOI DES SUCRES,

PAR M. JOLLIVET,

Ancien Député, Membre du Conseil privé du Roi.

PARIS,

IMPRIMERIE DE COSSE ET G.-LAGUIONIE,

rue Christine, 2.

—

1840.

OBSERVATIONS

SUR LE RAPPORT

DE M. DE TOCQUEVILLE,

Relatif à l'abolition de l'Esclavage dans les Colonies, et quelques mots sur la Loi des Sucres.

———

Dans son rapport du 12 juin 1838, M. de Rémusat disait : « il nous paraît suffisamment prouvé que l'aboli- « tion immédiate et complète de l'esclavage, serait pré- « maturée. »

Etat de la Question devant les Chambres.

Pour *préparer* l'émancipation , il met au premier rang : la religion , l'instruction primaire et le mariage.

Il recommande de construire de nouvelles églises, d'augmenter le nombre des ecclésiastiques et des instituteurs dans les colonies ; il indique les mesures propres à encourager le mariage des esclaves, et propose, au nom de la commission, un projet de résolution dont l'article 1er porte :

« Les dépenses auxquelles donneront lieu les mesures destinées à *préparer* l'abolition de l'esclavage, dans les colonies françaises, sont des dépenses de l'Etat. »

L'article 8 :

« En conséquence *chaque année* les lois de finances porteront au budget du ministère de la marine et des colonies, les sommes nécessaires, etc. »

Et l'article 7 :

« *Chaque année*, il sera rendu compte aux chambres de l'exécution de la présente loi. »

1.

La proposition de la commission n'a point été discutée; mais le Gouvernement, pour déférer à son vœu, pour entrer dans la voie qu'elle indiquait, a demandé, dans le budget de 1840 , un crédit de 650,000 fr. destiné à faire face aux mesures *préparatoires ;* ce crédit a été voté par les chambres. Et une ordonnance du 6 novembre dernier vient d'en déterminer l'emploi comme il suit :

Pour l'envoi dans les colonies de nouveaux prêtres et la construction de chapelles............ 400,000 fr.

Pour l'envoi de nouveaux instituteurs primaires............................ 200,000 fr.

Et pour l'augmentation du personnel de la magistrature coloniale........... 50,000 fr.

Le gouvernement déférant également au vœu de la commission, avait chargé, dès la fin de 1838, les gouverneurs de nos colonies de consulter les Conseils Coloniaux sur l'affranchissement, comme essai, des noirs du domaine colonial, avec engagement pour un temps déterminé.

L'amélioration à introduire dans la condition et le régime des esclaves.

Les mesures à prendre concernant le mariage des esclaves.

L'établissement des caisses d'épargne.

Les Conseils Coloniaux de la Martinique, de la Guadeloupe, de la Guyane et de Bourbon ont délibéré en 1838 et 1839.

Leurs délibérations et résolutions n'étaient point encore connues en France, que M. de Tracy reprenait, dans la session de 1839 , la proposition de M. Passy *sur le sort des esclaves dans les colonies françaises.*

La commission chargée de l'examiner, ne tenant

aucun compte des conclusions de la commission précédente, a déclaré par l'organe de M. de Tocqueville, son rapporteur, que les préparations jugées nécessaires pour que l'esclave passe de l'état d'esclavage à l'état de liberté, sont *superflues;* qu'elles sont même *impossibles;* et en conséquence il conclut : « à ce que le gouvernement soit tenu de proposer dans *la session de* 1841 , un projet de loi qui fixera l'époque de l'abolition générale et simultanée de l'esclavage dans les colonies françaises. »

Ce changement radical de vues , ce revirement subit d'opinion , dans l'espace d'un an , est une preuve éclatante que la grande question de l'affranchissement des esclaves n'a pas été suffisamment étudiée , et qu'il y a lieu de la mûrir avant de la résoudre.

Tel n'est pas l'avis de la commission qui veut qu'elle soit résolue dès *la session de* 1841 , sans qu'on attende le résultat des mesures préparatoires indiquées par la précédente commission , approuvées par les chambres et que le gouvernement exécute en ce moment. En vain la prudence objecte-t-elle « Qu'avant de briser les fers de l'esclave, il faut le préparer à l'indépendance, éclairer sa religion, régulariser ses mœurs, constituer pour lui la famille, étendre et fortifier son intelligence, de manière à ce qu'il conçoive l'idée et acquiert la prévoyance de l'avenir. »

La commission veut bien reconnaître que tout cela est vrai , mais suivant elle : « Ces préparations ne pouvant se faire dans l'esclavage , exiger qu'elles aient été faites, avant qu'il finisse, c'est déclarer qu'il ne doit jamais finir. »

Cette opinion dogmatique est désavouée par les abolitionistes les plus éclairés , et démentie par l'expérience.

M. *Buxton*, l'ami de *Wilberforce*, le chef des abóli-tionistes anglais disait:

« Nous ne demandons pas l'émancipation soudaine, mais des mesures *préparatoires* qui conduisent *par degrés* et avec l'aide du temps, l'esclave à la liberté, après qu'il y aura été disposé et qu'il sera digne d'en jouir. »

« Avant d'émanciper les esclaves, disait *sir R. Peel*, dans la séance de la chambre des communes du 3 juin 1833, il faut les préparer à l'émancipation, en les éclairant, en les accoutumant à la vie civilisée ; il faut relâcher leurs liens avant de les briser, si l'on veut la sécurité des blancs, et le bonheur même des noirs. »

Les orateurs du parlement anglais se sont montrés d'accord avec leur langage.

La traite avait été abolie dès 1807 dans les colonies anglaises.

En 1823 seulement, la chambre des communes a adopté une résolution proposée par M. Buxton et amendée par M. Canning ; elle portait :

« 1° Qu'il est à propos de prendre des mesures éfficaces pour améliorer la condition des esclaves dans les colonies anglaises ;

« 2° Que ces mesures doivent avoir pour objet de moraliser les esclaves et de les *préparer* à la participation des droits civils ;

« 3° Que la chambre désire atteindre ce but à une époque rapprochée, mais choisie de manière à ne compromettre ni la sûreté des colonies, ni les droits des propriétaires, ni le bien-être des esclaves. »

Ce n'est que trois ans après, en 1826, que la chambre des lords adopta une résolution analogue.

Sept ans ensuite, en 1833, *lord Stanley* présenta à

la chambre des communes un bill d'émancipation, et dit en le présentant :

« Le bill actuel n'est point une émancipation *immédiate* mais *une émancipation graduée*.

« L'esclave, rendu tout à coup à la liberté, abandonnerait le travail, reprendrait les habitudes de la vie sauvage. Il est nécessaire, dans son intérêt comme dans l'intérêt du maître, de ne pas briser tout à coup les liens qui les unissent. »

Lord Grey, premier ministre, était d'avis de créer *un état transitoire* entre l'esclavage et la liberté. Suivant l'acte d'abolition du 28 août 1833, cet état transitoire (*l'apprentissage*) devait durer jusqu'au 1er août 1838 pour les travailleurs des villes, jusqu'au 1er août 1840 pour les travailleurs ruraux.

Par suite de circonstances qu'il serait trop long d'énumérer, l'apprentissage a cessé, pour tous les travailleurs sans distinction, le 1er août 1838.

Il s'est écoulé, comme on voit, 31 ans entre la suppression de la traite et l'abolition de l'esclavage dans les colonies anglaises.

Quinze ans entre la *résolution* et l'abolition de fait.

Pour justifier une émancipation immédiate, comdamnée par l'opinion et l'exemple des abolitionistes anglais, le rapporteur s'efforce d'établir qu'aucune préparation n'est compatible avec l'état d'esclavage; qu'on ne peut décider l'esclave à se marier; qu'on ne peut ni l'instruire ni le rendre religieux.

L'esclave ne se marie point, dit le rapport : « Parce que tout ce qui incite l'homme libre à consentir à une union légitime, manque à l'esclave, par le seul fait de l'esclavage. »

Cette assertion est beaucoup trop absolue.

Le mariage, s'il n'est pas habituel, n'est pas cependant tellement rare, qu'on n'en puisse citer un assez grand nombre d'exemples (1), et il y a, proportion gardée, plus de mariages dans la population esclave que parmi les affranchis.

Il n'est pas vrai que l'esclave n'y soit incité par aucun avantage.

Le mari et la femme ne peuvent être vendus séparément; les esclaves mariés sont toujours l'objet d'une prédilection marquée du maître....

Les mesures proposées par le gouvernement avaient d'ailleurs pour objet de créer de nouvelles incitations au mariage, et les colons sont intéressés et disposés à adopter toutes celles qui ne seraient pas incompatibles avec l'état de la société coloniale.

Quant à *l'instruction et à la religion*, le rapport professe « Qu'on ne peut instruire l'esclave, fortifier sa raison tant qu'on le retient dans un état où il pourrait lui être nuisible de raisonner. Que la religion ne peut pénétrer jusqu'à l'esclave; que la cause première en est dans l'esclavage même; que le petit nombre de prêtres qui habitent les colonies, le peu de zèle de quelques uns d'entre eux, l'indifférence habituelle des maîtres, ne sont que des *causes secondaires*. »

J'ai peine à comprendre comment un esprit aussi élevé que celui de M. de Tocqueville, a pu adopter des idées aussi paradoxales aussi contraires aux faits.

L'expérience établit que partout où il y a un grand nombre d'instituteurs et de prêtres; partout où leur zèle a été secondé par celui des maîtres, à Antigues par

---

(1) Il y a à la Guyane française un grand nombre de noirs mariés.

exemple, les esclaves étaient éclairés et religieux.

Il y a plus de prêtres dans les colonies anglaises, que dans les colonies françaises. Le zèle des frères Moraves et des méthodistes, est, il faut l'avouer, beaucoup plus ardent que ne l'a été jusqu'ici le zèle de notre clergé colonial. Aussi l'instruction et la religion sont-elles beaucoup plus développées chezl es esclaves des colonies anglaises que chez les esclaves de nos colonies.

Comment soutenir en présence de ces faits qu'un clergé nombreux et zèlé, aidé par la bonne volonté des maîtres, ne peut avoir *qu'une influence secondaire* sur l'esprit des esclaves ? qu'il ne parviendra jamais à les instruire et à les rendre religieux ?

Loin que l'esclavage empêche les noirs de recevoir les préceptes de la religion, il faut reconnaître que les esclaves réunis dans l'habitation, et sous l'action du maître, peuvent être astreints à la prière et à une instruction commune; tandis que les affranchis de nos colonies et les nouveaux libres des colon ie sanglaises s'en dispensent assez généralement.

La commission dont M. de Tocqueville est rapporteur, a fait trop bon marché de ces mesures préparatoires si fortement recommandées par M. de Rémusat, au nom de la précédente commission, adoptées par les Chambres, soumises par le Gouvernement à l'examen des Conseils coloniaux, et dont l'exécution vient à peine de commencer ?

Dans son impatience, elle ne veut pas attendre *les résultats* dont il devait être rendu compte aux Chambres, *chaque année,* suivant l'article 7 du projet de résolution proposé par la Commission de 1838.

Elle déclare :

« Qu'il y a *danger* à attendre ; que l'administration

ne pourra résister à *la pression* de l'opinion publique ; que les colons eux-mêmes sont intéressés à l'abolition de l'esclavage ; que les esclaves l'attendent ; que c'est un fait désormais inévitable, comme conséquence topographique de nos colonies et du voisinage des colonies anglaises. »

Je ne conteste point que le voisinage des colonies anglaises où les noirs sont libres, n'exerce une certaine influence sur la question d'affranchissement dans nos colonies.

Mais il faut examiner si on ne s'est point exagéré cette influence, si elle nous force à une émancipation immédiate ; si elle nous interdit toute préparation ; si elle nous défend de surseoir.

Quand à la *pression* de l'opinion publique, elle ne me paraît pas assez forte pour entraîner le Gouvernement à une abolition prématurée, pour le détourner de la voie prudente où il est entré, pour lui faire abandonner les mesures préparatoires qui lui ont été conseillées par les Chambres !

Il ne se trouve point dans la position où se trouvait en 1833 le gouvernement anglais.

Les mandats impératifs des corps électoraux ;

Les *meetings* qui couvraient l'Angleterre ;

Les prédications quotidiennes de la presse ;

Des pétitions innombrables, dont l'une portait cent quatre-vingt mille signatures ;

Les femmes et le clergé ;

Le fanatisme religieux des sectes dissidentes ;

Demandaient, commandaient l'abolition de l'esclavage, et c'est du gouvernement anglais qu'on pourrait dire avec vérité : *qu'il a cédé à la pression de l'opinion publique.*

Mais j'en appelle à la sincérité du rapporteur, en est-il de même en France ?

Qui donc songeait à demander l'abolition de l'esclavage ? Etait-elle pour la presse l'objet d'une polémique journalière ?

Quels sont les colléges électoraux qui l'imposaient à leurs mandataires ?

Quels sont les candidats qui la promettaient dans leurs circulaires électorales ?

Où sont les pétitions qui l'ont demandée aux Chambres ?

Pour mon compte, j'atteste que pendant les neuf années que j'ai eu l'honneur de faire partie de la Chambre des députés, je n'ai pas reçu une seule pétition, un seul mot d'un seul de mes commettants qui m'aient jamais pressé de la demander.

Personne en France ne s'en préoccupait, à l'exception toutefois de l'honorable M. Isambert et de ses trente-cinq collègues de la Société française pour l'abolition de l'Esclavage qui en se multipliant, en suppléant au nombre par le zèle, sont parvenus *à faire mettre la question à l'ordre du jour.*

Mais a-t-on vu l'opinion se passionner pour les propositions Passy, de Tracy ? répondre à l'appel philanthropique de MM. de Rémusat et de Tocqueville ? Non. Elle est restée partout froide, indifférente. Sur quatre-vingt-six conseils généraux, on en compte sept à huit qui ont associé leurs vœux à ceux des abolitionistes.

Le département du Loiret où siége M. Roger ;

Le département de l'Allier où siége M. de Tracy ;

Le département d'Eure-et-Loir où siége M. Isambert ; par urbanité, par savoir-vivre et pour ne pas les désobliger.

Quant au conseil général du département du Nord et

à deux ou trois conseils généraux, ce n'est point par politesse seulement qu'ils ont demandé l'abolition de l'Esclavage dans les colonies françaises.

Leur demande est fondée, je l'avoue, sur des raisons plus *solides*; ils ont fort bien compris que la culture de la canne à sucre avait besoin du travail forcé; et dans l'intérêt de la betterave sa rivale, ils ont fait preuve de sens en demandant l'abolition de l'esclavage.

Mais le Gouvernement et les Chambres ne sont pas tenus de déférer à des vœux intéressés. Dans le silence de l'opinion, ils sont, à la différence du parlement anglais, parfaitement libres de faire ou de ne pas faire, et surtout de ne pas hâter le jour où ils agiront.

La commission insiste et prétend « Qu'en considérant l'état des colonies, on est conduit à penser que dans leur intérêt même, la servitude doit y avoir un terme prochain. »

Comme il ne s'agit plus ici de vues théoriques et philanthropiques, mais de l'*intérêt* même des colons, il me semble qu'il n'est pas inutile de s'enquérir de l'opinion des parties intéressées.

Or, les Conseils coloniaux, qui apparemment connaissent aussi bien que nous l'état des colonies qu'ils habitent, ne regardent pas qu'il soit de leur intérêt d'affranchir immédiatement les esclaves; ils ne voient pas qu'il y ait danger à attendre; ils ne sentent pas que le voisinage des colonies anglaises soit aussi contagieux que nous le jugeons pour eux; ils sont unanimes sur ce point, qu'ils peuvent, sans péril, attendre les résultats de l'expérience anglaise, pour l'imiter si elle réussit, pour l'éviter si, comme ils en sont convaincus, elle ne réussit pas.

La commission du Conseil colonial de la Guadeloupe dans sa séance du 10 octobre 1838, s'exprime ainsi :

« Les colons demandent qu'on attende les résultats de l'expérience anglaise. Est-il rien de plus naturel et de plus raisonnable? L'expérience est commencée depuis quatre mois, les états de douanes ne tarderont pas à en faire connaître les résultats. Quels seraient les inconvénients de cette marche? Un retard d'une année ou deux. Les avantages au contraire sont immenses.

« Ce retard, en effet, nous procurera les moyens d'avoir devant les yeux un exemple et de ce qu'il faut imiter et de ce qu'il faut éviter.

Si les Anglais échouent complétement, leur naufrage sera un avertissement qui nous préservera d'un semblable naufrage. »

La commission du conseil colonial de la Martinique, dans sa séance du 31 octobre 1838 :

« Nous demandons qu'on attende jusqu'à ce qu'il soit reconnu et constaté que dans les colonies anglaises, le travail libre a remplacé d'une manière satisfaisante pour les habitants le travail forcé des esclaves ; ce délai pendant lequel nous n'aurions à répondre à aucune proposition nouvelle, éclairerait l'opinion et fixerait la conscience publique sur les suites de l'expérience anglaise. »

La commission du Conseil colonial de Bourbon, dans sa séance du 6 février 1839 :

« Qu'aurions-nous à ajouter à ce que nous avons dit et qui a été répété si unanimement dans toutes les colonies ?

« Attendre du temps ; attendre le résultat de l'expérience entreprise par nos voisins ; l'étudier dans toutes ses phases ; se préparer en attendant, s'organiser fortement à l'intérieur en fondant, par un bon système municipal, la commune, en facilitant par une bonne instruction religieuse l'infiltration des bonnes mœurs dans les masses.

« Que pourrait-on demander de plus raisonnable et de plus juste ?

« L'expérience anglaise est-elle terminée ?

« Nous n'hésitons pas à dire non, elle ne l'est pas ; elle est au contraire au commencement de la période la plus critique, celle où tout porte à croire que le travail va commencer à décroître, jusqu'à ce qu'il cesse entièrement. »

Le Conseil colonial de la Guyane française est le premier qui a recommandé d'attendre les résultats de l'expérience anglaise. Dans sa séance du 22 juin 1836, il prenait une résolution conçue dans les termes suivants:

« Lorsqu'une expérience est tentée chez un peuple voisin, à la suite d'une longue préparation ; lorsque cette expérience, si périlleuse, est dans un court espace de temps, sur le point d'être consommée sans que tous les résultats utiles ou désastreux puissent être encore connus ou appréciés ; lorsque la France sans manquer à ses devoirs, mais obéissant, au contraire, à une politique de raison, de justice et d'humanité, peut, si le problème était résolu dans un sens inverse à celui qu'on cherchait, éviter les mêmes fautes, arriver au même but par des voies différentes, en épargnant à ses populations les mêmes malheurs ; attendre est le seul système raisonnable et possible, système que les colons n'indiquent pas pour cacher des répugnances supposées, mais au contraire, avec la volonté de s'associer franchement au mode d'émancipation qui sera démontré le meilleur en pratique. »

Les Délégués des colonies entendus devant la commission ont partagé l'opinion des Conseils coloniaux. Opinion des Délégués.

Le délégué de la Martinique a dit :

« Je ne vois pas que la connaissance que les noirs des colonies françaises ont de ce qui se passe dans les îles britanniques ait excité chez eux des sentiments qui les aient portés à aucune démonstration hostile. Les esclaves sont à la Martinique dans une situation calme. »

Le délégué de la Guadeloupe :

« Nos colonies sont fort près des colonies anglaises, nos pêcheurs vont pêcher tous les jours dans les eaux des îles anglaises ; ainsi ils ont la liberté à côté d'eux, et cependant ils ne s'échappent pas. »

Le délégué de la Guyane :

« Les nègres savent ce qui se passe dans les colonies anglaises, et leur soumission n'est pas ébranlée. »

Le délégué de Bourbon :

« L'émancipation anglaise n'a affecté en rien la discipline des ateliers. »

Nous pourrions ajouter à l'appui de l'opinion des Conseils coloniaux et de leurs Délégués, l'expérience du passé.

Aux États-Unis d'Amérique où l'on compte 3,000,000 d'esclaves, les États à esclaves sont contigus à des États où l'esclavage n'existe pas, et l'on ne voit pas que leur sécurité soit affectée par ce voisinage.

Cuba où l'esclavage existe est voisine de la Jamaïque où l'esclavage n'existe plus.

Surinam n'est séparée de la Guyane anglaise que par un fleuve.

La Jamaïque est peu distante de Saint-Domingue, et cependant, malgré l'émancipation violente de Saint-

Domingue dès 1792, l'esclavage s'est maintenu paisiblement à la Jamaïque jusqu'au 1er août 1838!

La majorité de la commission a donc montré trop de sollicitude pour les colons, lorsqu'elle a déclaré vouloir l'abolition immédiate« *dans leur intérét*, et parce qu'elle était vivement et profondément frappée du danger que faisait courir l'état actuel, et du péril auquel on s'exposait en remettant à un autre temps pour prendre un parti. »

Le parti qu'on prendra sera irrévocable; mais c'est une raison pour ne rien précipiter; et puisque l'expérience anglaise suit son cours, ayons la sagesse d'en attendre le dénouement.....

Ce dénouement les colons l'attendent avec anxiété.

En vain, pour les rassurer, M. le rapporteur leur apprend-il « Que d'après les indications de la science, la culture à l'aide des nègres affranchis peut devenir plus facile, plus productive, moins onéreuse que la culture à l'aide des noirs esclaves; « Qu'ainsi il est permis de croire que la révolution opérée dans nos îles serait heureuse pour les colonscomme pour les nègres, et qu'après qu'elle aurait été terminée, il en coûterait moins au propriétaire du solpour cultiver ses champs avec un petit nombre d'ouvriers dont il paierait le salaire suivant le travail, qu'il ne luien coûte aujourd'hui. »

Les colons ne partagent pas l'illusion de M. le rapporteur; il peut l'appuyer sur l'autorité d'un savant, *M. Flinter;* mais elle est certainement contraire à l'autorité des faits. Ils ne croient pas à la possibilité du travail libre; possibilité qu'ils scraient si heureux d'admettre, puisqu'ils seraient sauvés de la ruine qui les menace ! et leur opinion doit être de quelque poids, car elle est le fruit de l'expérience, le résultat de leurs méditations de chaque jour.

La commission du Conseil colonial de Bourbon s'exprime ainsi dans sa séance du 6 février 1839 : Opinion des Conseils Coloniaux.

« Le travail libre sera toujours impossible à obtenir entre les tropiques.

«S aint-Domingue est là comme preuve irrécusable de ce que nous avançons.

« Les noirs de Saint-Domingue qui ont aujourd'hui 5o ans sont nés libres, et le sol le plus riche est leur propriété. Eh bien! ce malheureux pays est redevenu dans un état voisin de la barbarie; ses chefs en sont réduits à faire des règlements impuissants contre la fainéantise et la paresse! »

La Commission de la Martinique, dans sa séance du 3i octobre 1838 :

« Une nécessité de tous les temps, de tous les lieux, c'est le travail. Si la Chambre des Députés, en vue des droits de l'homme, veut y substituer la paresse, l'oisiveté la plus absolue, l'abandon de toute culture propre à établir les échanges entre la métropole et les colonies, si elle veut ramener au sein de la civilisation la barbarie de l'Afrique, qu'elle marche en avant. Les conséquences ne se feront pas attendre longtemps.

« En Europe, le travail résulte de besoins absolus, il faut travailler ou mourir; dans les régions intertropicales, on peut vivre presque sans travailler; nous croyons donc devoir attendre que l'expérience anglaise ait donné tort ou raison aux abolitionistes, pour reconnaître la nécessité des changements proposés. »

La commission de la Guadeloupe dans sa séance du 4 décembre 1838 :

« Le travail est antipathique au noir : une fois affranchi de la contrainte, il s'abandonne à la paresse ;
ni les besoins, ni la famille ne sont là comme chez les
autres peuples, pour amortir par leur exigence cette
lâche passion.

« L'action énervante du climat l'entretient, ainsi que
l'imprévoyance qui est dans la nature du nègre.

« Rien là-dessus ne peut changer nos convictions,
parce qu'elles sont le fruit de l'observation non moins
que d'une expérience pratique.

« La répugnance des nègres pour la culture des terres,
tient à leur paresse plus qu'à leur préjugé ; ils ne se
préoccupent pas de l'idée que c'est un travail *servile* ;
mais ils calculent fort bien que c'est de tous les travaux
le plus pénible ; leur aversion vient essentiellement de
ce que, dans les travaux de culture, il y a nécessaire-
ment ordre, régularité et *continuité*. »

La commission du conseil colonial de la Guyane française, dans sa séance du 21 novembre 1838 :

« Le travail libre nous paraît une chimère. Vaine-
ment comparez-vous les esclaves des colonies aux anciens esclaves de l'Europe ; et parce que ces derniers se
sont promptement civilisés par la liberté, vous en tirez
la même induction pour les nôtres. Mais vous ne tenez
aucun compte d'un climat que vous ne connaissez
qu'imparfaitement. Vous oubliez qu'en Europe le froid
et la faim forcent au travail sous peine de mort ; tandis
qu'au contraire le climat qui énerve l'homme favorise sa
paresse, en lui offrant, sans effort de sa part, tout ce
qui peut suffire à ses besoins. »

 Les délégués des colonies ont exprimé avec force devant la commission, la crainte que le travail libre ne puisse être obtenu.

Ils ont cité comme exemple les 30,000 noirs affranchis dans les colonies françaises depuis 1830, qui pour la plupart vivent des produits de la chasse, de la pêche, de vagabondage, et dont aucun n'a voulu continuer de se livrer aux travaux de la culture.

Exemple malheureux et qui n'est que trop réel, ainsi que l'ont officiellement reconnu : le Président du conseil dans la séance de la Chambre des Députés du 6 juin 1837 ; le ministre de la marine dans la séance du 16 février 1838.

Les délégués déclarent que si le préjugé qui s'attache aux travaux de la terre est un des motifs qui en éloigne le noir affranchi ; ce qui l'en éloigne surtout, c'est la paresse et l'apathie qui lui sont naturelles ; c'est l'aversion pour la régularité et la *continuité* que ces travaux exigent.

Le délégué de la Guyane trouve d'autres exemples non moins concluants chez les nègres marrons de la colonie de Surinam et dans ce qui s'est passé à la Guyane française en 1796.

Les opinions des Conseils coloniaux et de leurs délégués, quoique justifiées par l'expérience, vous paraissent-elles suspectes ? Ecoutez les appréhensions de nos voisins eux-mêmes. *Lord Melbourne*, premier ministre, dans la séance des lords du 6 mars 1838 :

Appréhensions des ministres anglais.

« Je ne me dissimule pas que le gouvernement anglais n'ait entrepris une œuvre difficile. »

Lord Glenleg, alors ministre secrétaire d'Etat des colonies, dans une circulaire du 20 janvier 1836, écrivait aux gouverneurs :

« Il y a lieu de craindre qu'à l'expiration de l'apprentissage, la population noire ne cesse de travailler à la culture. Là où il y a assez de terre pour fournir abondamment à la subsistance de toutes les populations, moyennant un léger travail, les noirs seront probablement peu disposés à s'assujettir à un travail pénible et régulier. »

Ces craintes étaient-elles fondées ?

Les faits qui ont suivi l'émancipation les confirment-ils, ou les détruisent-ils ?

Doutes exprimés par la Commission de la Chambre des Députés de 1838, et par la dernière Commission. Dans son rapport du 12 juin 1838, M. de Rémusat déclarait que la commission avait sous les yeux des documents bien divers. Il les jugeait satisfaisants, mais il avouait, «Que les résultats obtenus jusqu'ici (pendant la période de l'apprentissage, c'est-à-dire du travail forcé), ne donnent pas la certitude d'un entier succès, après la libération définitive, et *qu'une importante épreuve restait à faire.* »

On lit dans le rapport de M. de Tocqueville, en date du 23 juillet 1839 :

« La libération définitive a été proclamée le 1er août 1838. Près d'un an s'est déjà écoulé depuis que cette grande et redoutable expérience a été faite. Le résultat de dix mois seulement est déjà connu.

« Ce temps est trop court pour qu'il soit permis de porter un jugement assuré, etc.

« L'émancipation s'est opérée sans désordre, et quant à la nature et à la durée du travail, la commission a eu sous les yeux des documents si contraires, elle a vu se produire des assertions si opposées, qu'elle ne peut s'arrêter dans une entière certitude. »

Le rapport ajoute :

« Il serait d'une très grande importance pour la France d'obtenir des notions plus précises qu'on ne les possède, sur l'état réel des colonies anglaises, où l'esclavage a été aboli. La commission a appris avec une grande satisfaction de MM. les Ministres, que l'intention du gouvernement était d'envoyer prendre sur les lieux des renseignements exacts. »

C'est là ce que les colons demandent avec instance.

Le conseil colonial de la Guyane, dans sa séance du 21 novembre 1828, supplie « Le gouvernement du roi d'envoyer dans les colonies une commission composée par lui d'hommes impartiaux, pour constater les faits tant sur la situation des esclaves que sur celle des libres. »

Une chose ne saurait assez m'étonner; c'est que le rapport, qui avoue qu'il s'est écoulé trop peu de temps depuis l'émancipation définitive des noirs des colonies anglaises (le 1ᵉʳ août 1838), *pour qu'il soit permis de porter un jugement assuré ;*

Qui sent toute l'importance d'obtenir des notions *plus précises ?....*

Qui félicite le gouvernement de sa résolution d'envoyer prendre sur les lieux des *renseignements exacts?.....*

Au lieu de conclure à un sursis, au lieu d'attendre le retour des commissaires du gouvernement qui devront fournir les notions, les renseignements qui manquent; propose à la Chambre une solution immédiate, définitive !

Ce n'est point ainsi qu'on procède en Angleterre.

Le gouvernement consulte les gouverneurs et les magistrats des colonies; le parlement institue des commissions d'enquêtes; et les dépêches, les rapports, les dépositions des témoins entendus sont livrés à la publicité.

La Chambre des communes dans sa séance du 15 mars et dans celle du 15 août, a fait publier la correspondance des gouverneurs, des magistrats spéciaux des colonies (Stipendiary magistrates) et divers autres documents d'une grande importance.

Je vais en donner un précis, en faisant remarquer toutefois que les gouverneurs et les magistrats spéciaux ont été choisis parmi les abolitionistes et pour concourir à l'œuvre de l'abolition ; que les magistrats spéciaux se sont montrés systématiquement hostiles aux colons et que leurs rapports sont justement suspects. Cependant, malgré leurs efforts pour déguiser les résultats de l'émancipation, il est facile de reconnaître que ces resultats sont loin d'être satisfaisants et que l'avenir des colonies anglaises est gravement compromis !

LA BARBADE.

Résultats de l'expérience anglaise, suivant les documents officiels et les correspondances des gouverneurs et des magistrats spéciaux.

Il résulte d'un message du 18 août 1838, du gouverneur de la Barbade, Mac-Gregor, à l'assemblée coloniale : « Que depuis l'abolition de l'apprentissage, il s'est élevé des conflits nombreux entre les propriétaires et les nouveaux libres ; que les nouveaux libres refusent d'engager leurs services et de travailler (1). »

Du rapport de trois commissaires nommés par le gouverneur : « Qu'à l'exception de la paroisse de Saint-Pierre et d'une partie de celle de Saint-Philippe et de quelques habitations disséminées çà et là, la récolte est de beaucoup en retard ; que l'agriculture de l'île se trouve dans un état beaucoup moins avancé qu'elle ne l'était avant l'abolition de l'esclavage, et cependant,

---

(1) Parliamentary papers, II° part., pag. 63.

ajoutent les commissaires, nous ne voulons pas dé-
sespérer d'un pays où la religion et l'éducation faisait
chaque jour des progrès ; où l'industrie et l'agriculture
étaient arrivées à un haut degré de prospérité ! »

LA TRINITÉ.

Extrait d'une dépêche du lieutenant-gouverneur, du
25 août 1838 (1) :

« La tranquillité la plus parfaite règne ici ; mais je
ne crois pas que la moitié des nouveaux libres se livre
à un travail régulier. La paresse est le danger que je
crains davantage. »

MONT-SERRAT.

Dépêche du 15 octobre 1838, du gouverneur sir
W. Colebrooke, contenant un rapport des magistrats
spéciaux d'où il résulte que les propriétaires se plaignent
généralement du manque de bras et du refus de travail (2).

SAINT-CHRISTOPHE.

Adresse de l'Assemblée coloniale du 13 décembre 1838
dans laquelle elle se plaint amèrement de l'émancipation :

« Si le ministère, dit cette adresse, veut sacrifier les
Indes Occidentales aux philanthropes du parlement
anglais, pour s'assurer de leurs votes, que le sacrifice se
consomme promptement. C'est alors que quiconque
possède quelque chose dans notre malheureuse île,

---

(1) Page 246.

(2) IIIᵉ part., pages 24 et 25.

maudira sa crédulité et sa confiance dans l'honneur et l'intégrité du gouvernement et du parlement d'Angleterre (1)! »

NEVIS.

Dépêches du gouverneur du 7 novembre 1838, des 16 mars et 25 juin 1839, contenant des rapports des magistrats spéciaux dans lesquels on lit :

« Le manque de travail se fait généralement sentir. Les propriétaires se plaignent aussi du peu de travail que font les ouvriers qu'ils emploient, et de ce qu'ils ne peuvent obtenir d'eux un travail non interrompu.

« Les nègres sont tranquilles ; mais ils ne travaillent pas aussi bien qu'on aurait pu l'espérer. Le salaire qu'on leur donne, quoique élevé, ne suffit pas pour les décider au travail (2). »

GUYANE ANGLAISE.

Dépêche du gouverneur Light du 20 février 1839.

Le gouverneur avoue que « la masse des produits exportables a diminué ; que les habitants n'obtiennent pas tout le travail nécessaire, et cependant on ne demande que cinq ou six heures de travail par jour, et même moins. Avant le bill de 1833 on exigeait dix heures. Je suis disposé à reconnaître avec tous les habitants, qu'ils éprouvent des embarras sérieux ; qu'ils ont des raisons graves de mal augurer de l'année présente ; et j'avoue que, frappé de l'état actuel, et des pertes qu'ils éprouvent, il serait difficile de me persuader que ces embarras ne sont que temporaires (3). »

---

(1) Page 195.
(2) Pages 281, 285, 286, 294, 295 et 301.
(3) Ire partie, pag. 231, 233.

JAMAIQUE.

Dépêche du 13 mai 1839 du gouverneur sir Lionel Smith, contenant un rapport de M. M'Cornoch.

« Il est de mon devoir de faire connaître à Son Excellence l'état déplorable de la grande paroisse de Golden Grove.

« Parmi les nouveaux libres, la plupart ne travaillent pas ; les autres ne gagnent pas le quart de leur salaire, et ce qu'il y a de plus triste, c'est que ceux-là même qui ont été traités avec le plus de bonté, montrent le plus d'ingratitude et se conduisent le plus mal à l'égard des anciens propriétaires.

« Les cannes à sucre pour la récolte prochaine sont en souffrance ; et sur plusieurs points, les bestiaux périssent faute de soin. Et cependant on leur a offert jusqu'à 2 shillings et 6 pences (3 fr. par jour.)

« Ils ne veulent travailler que quatre jours par semaine et trois heures par jour. »

« Avant le 1er août 1838 j'espérais que leur amour de l'argent les déterminerait au travail. Mais il est malheureusement démontré aujourd'hui que chez eux l'amour de la paresse est plus fort que l'amour de l'argent.

« Quand les nouveaux libres étaient esclaves, un seul jour de travail sur leur jardin suffisait pour obtenir une quantité suffisante de provisions pour eux et pour leur famille, et même un surplus qu'ils vendaient. Nous serons fort heureux si nous pouvons encore obtenir d'eux qu'ils travaillent moyennant salaire, un jour par semaine (1). »

____

(1) Ire part., pag. 20 à 21.

Rapport du 5 septembre 1838 de M. Barclay, magistrat spécial ou secrétaire du gouverneur.

« Je ne vous aurais pas écrit de nouveau, si je n'avais vu par votre réponse que le gouverneur était dans la croyance que le défaut de travail tenait au salaire peu élevé offert par les propriétaires.

« Cela n'est pas, puisqu'on offre jusqu'à deux shillings et six pences, sans pouvoir les déterminer au travail (1). »

Rapports contenant les mêmes observations sur le refus de travail de Westmoreland, de New Galloway, de Sainte-Marie, de Montégo (2).

Assemblée de propriétaires, du 9 mars 1839, dans la paroisse de Trelawney.

La Commission nommée par cette assemblée, après examen de soixante-quatre états d'habitation, constate :
« Que le nombre de laboureurs durant l'apprentissage, était sur ces habitations, de 5,156; et qu'il est, depuis le premier août 1838, de 2,207 ;

« Que l'état de la culture est déplorable; que le tiers seulement des plants nécessaires pour 1840 a eu lieu;

« Que le travail loin d'être continu, a souvent cessé pendant de longues périodes; de telle sorte qu'il n'est plus possible de continuer la culture de la canne et la fabrication du sucre;

« Que l'aspect de la récolte est des plus tristes ; qu'un

______

(1) Page 23.
(2) Pages 24 et 25.

grand nombre de cannes sont déjà perdues, faute de bras pour les couper ;

« Que les femmes refusent partout de travailler;

« Que sur plusieurs habitations, les ouvriers refusent de travailler à la récolte, si on ne leur donne 3, 4 et 5 shillings, quatre fois plus qu'on ne peut leur donner sans marcher à une ruine certaine (1). »

Dépêche, du 25 avril 1839, du gouverneur sir Lionel Smith, contenant un rapport, du 22 avril, de M. Carnaby, magistrat spécial.

« La récolte présente un grand déficit, comparée à la récolte de l'année précédente ; et tandis que les produits sont diminués, les frais de production sont sensiblement augmentés (2). »

Dépêche du même gouverneur, contenant le rapport de M. Baines, magistrat spécial.

« Le caprice et l'indolence des laboureurs, la difficulté d'obtenir d'eux un travail continu ; tel est le cri général d'une extrémité de l'île à l'autre (3). »

Rapport de M. Mahon, autre magistrat spécial.

« Je suis obligé d'informer Son Excellence, que depuis mon dernier rapport, le travail a été fort irrégulier, quoique le salaire ait continué d'être de 2 shillings et 6 pences.

« Il est fâcheux que les travailleurs aient refusé de travailler, précisément lorsque le travail devenait le plus

---

(1) Page 76.
(2) Page 90.
(3) Page 199.

nécessaire pour couper les cannes, avant que les pluies ne les gâtassent, ou pour planter, la saison des plantations étant presque passée (1). »

Rapport de M. Crocking, du 3 juin 1839, à M. Dawling, secrétaire du gouverneur.

« J'ai le regret de vous annoncer et d'annoncer à Son Excellence le gouverneur, que depuis trois ou quatre semaines, malgré l'offre d'élever les salaires, les laboureurs ont refusé de travailler et de couper les cannes ; ce qui compromet la récolte actuelle et perdra la récolte de l'année prochaine (2). »

Rapport du 3 juin 1839, de M. Marlton, magistrat spécial.

« Déjà dans un rapport prédédent, j'ai fait connaître à Son Excellence que l'offre du travail ne répond pas à la demande ;

« Que les cultivateurs à raison de l'élévation des salaires gagnent tant en si peu de temps, que la nécessité ne les condamne pas à un travail continnel ; que tout homme libre qui peut se procurer avec une petite somme de travail, tout ce qui est nécessaire à une vie modeste, n'en voudra pas donner davantage.

« C'est un grand malheur pour le propriétaire ; mais je ne vois de remède que dans un accroissement de la population (3). »

Dépêche du gouverneur, du 19 juillet 1839, contenant un rapport de M. Daughtrey, magistrat spécial.

« Les propriétaires estiment que plus d'un tiers de

---

(1) Page 205.
(2) Page 206.
(3) Page 208.

la récolte actuelle ne pourra pas être effectuée, et les prévisions pour la récolte prochaine sont encore plus alarmantes..... les plantations, sans lesquelles il n'y a point de récolte, n'ayant eu lieu que d'une manière très incomplète.

« Mes observations personnelles m'ont mis à même de me convaincre que les craintes et les calculs des propriétaires, sont malheureusement trop fondés (1). »

Je ferai remarquer en terminant ces extraits et rapports;

Que si l'émancipation a réussi dans une certaine mesure, c'est dans les colonies peu importantes, ne comptant qu'un petit nombre de noirs;

Qu'elle a échoué à la Jamaïque et à la Guyane anglaise, les deux plus riches possessions de l'Angleterre; dans les Indes occidentales, et qui comptent 400,000 noirs, plus de la moitié du nombre total des noirs des colonies anglaises.

LA DOMINIQUE.

La Dominique ayant autrefois appartenu à la France, il sera également fort instructif de connaître les résultats de l'émancipation dans une colonie présentant les mêmes mœurs, les mêmes habitudes, la même religion, que dans les colonies françaises.

Dépêches de sir William Colebrooke, gouverneur, du 15 octobre 1838, et dépêches plus récentes, jusqu'à la date de juin 1839.

Elles contiennent des rapports de plusieurs magistrats

(1) Page 222.

spéciaux, notamment de J. Kingsbury, du 1ᵉʳ octobre, 31 décembre 1838, et 6 mars 1839.

De Howard Lloyd, des 24 septembre et 19 novembre 1838; des 20 janvier, 18 mars, 5 mai 1839.

De Lynch, des 8 septembre et 1ᵉʳ décembre 1838; des 30 avril et mai 1839 (1).

Il résulte de ces rapports :

« Que les habitants se plaignent unanimement d'obtenir beaucoup moins de travail que durant l'apprentissage;

« Que les nouveaux libres travaillent peu et d'une manière irrégulière;

« Que les enfants en général ne travaillent pas, quoiqu'on leur offre 6 pences (12 sous) par jour;

« Que les propriétaires les emploieraient volontiers à garder les bestiaux, à couper l'herbe et à d'autres menus ouvrages, mais que les parents s'y refusent, aimant mieux les envoyer à la ville pour y apprendre des métiers;

« Que l'état d'instruction des enfants, au lieu de faire des progrès, rétrograde chaque jour;

« Que les esclaves vieux et infirmes sont dans la position la plus malheureuse.

« Que plusieurs vieillards et enfants sont morts faute de soins, et de l'assistance de médecins (2). »

---

(1) Parliamentary papers, IIIᵉ partie, pag. 383, 86, 390, 391, 400, 401, 404, 405, 406, 416, 430, 431, 432, 467, 468 et 474.

(2) Je me garderai bien de faire observer que les esclaves étaient plus heureux que les nouveaux libres; qu'on instruisait les enfants, qu'on nourrissait les vieillards, qu'on prenait soin des malades.

M. de Rémusat me répondrait : « Le bonheur de l'esclave n'excuse pas l'esclavage; ceux qui ignorent cela n'ont point l'idée du droit ! »

Rapport du 1er janvier 1839, de Saint-Phillips, magistrat spécial.

« J'ai l'honneur d'annoncer à Son Excellence que la
quantité de travail a diminué depuis le dernier mois.
Que sur plusieurs habitations le bétail et les mules vont
paître sans être gardés ; que l'expérience des cinq mois
qui se sont écoulés depuis l'émancipation, démontrent
que les noirs n'ont point trouvé dans l'élévation des
salaires une incitation assez forte pour travailler cinq
jours par semaine. Ce qui vient de se passer à l'occasion
des fêtes de noël, fait que les habitants doivent s'attendre à de longues et fréquentes interruptions de travail, qui se répèteront à chacune des fêtes dont abonde
le calendrier de l'église romaine (1). »

Rapport de Daniel O'Sullivan, magistrat spécial, du
7 mars 1839.

« Les laboureurs ne travaillent pas suffisamment
pour le salaire qu'ils reçoivent. »

Rapport du même, du 16 avril 1839.

« J'ai la conviction que si l'on ne se hâte de prendre
quelques mesures décisives pour combattre la paresse
habituelle des noirs, les habitations à sucre qui ont
besoin d'un travail continu, éprouveront un notable
dommage. »

Rapport de Howard Lloyd du 5 mai 1839.

« La culture des habitations est fort arriérée; la récolte de cette année éprouve une diminution considé-

---

(1) Pages 435, 436.
(1) Pages 460, 467, 475.

rable ; et j'en prévois une plus considérable encore pour l'année suivante. »

Rapport du même, du 5 juin 1839.

« J'ai le regret de ne pouvoir fournir à Son Excellence un rapport plus favorable du travail des noirs dans mon district, et je ne puis que me référer à mes précédents rapports. »

Rapport du lieutenant-gouverneur, M. J. Macphail.

« Parmi les causes du mal, il faut mettre au premier rang l'extrême indolence des nouveaux libres.

« Un nombre considérable d'habitations souffre par défaut de travail continu.

« On craint en conséquence, une diminution très grande dans la récolte de l'année et plus grande encore dans la récolte de l'année suivante (1). »

Enfin, le gouverneur lui-même, dans son discours du 19 avril 1839 à l'assemblée coloniale de la Dominique :

« Déplore l'absence du travail continu que refuse aux propriétaires l'indolence des nègres, et sans lequel la culture de la canne à sucre, d'une importance vitale pour la colonie, périra (2). »

Aux résultats déplorables de l'émancipation à la Jamaïque et à la Dominique, les abolitionistes opposent avec orgueil les résultats obtenus à *Antigues*.

« A Antigues, dit le rapport de M. de Tocqueville, le prix de la journée est assez modique ; il est à peu près en rapport avec l'entretien de l'esclave autrefois. Les propriétaires sont dans une situation satisfaisante ; ils

---

(1) Page 458 et 466.
(2) Page 451.

sont *unanimes* sur les bons effets qui résultent de l'émancipation, et ils se félicitent de l'avoir hâtée. Depuis cette
époque, les plantations et les terres sont recherchées ;
elles ont en quelque sorte doublé de valeur, puisqu'elles
pourraient être vendues plus cher que lorsque les esclaves
y étaient attachés. »

« Ce sont là, ajoute le Rapport, des résultats admira-
bles, mais qu'il serait dangereux d'attendre ailleurs; Antigues étant dans une situation toute particulière. »

Il est malheureux que M. le rapporteur n'ait pas pu
avoir sous les yeux l'Adresse de l'Assemblée coloniale
d'Antigues, *du 16 mai* 1839, au gouverneur de la colonie, sir W. Colebrooke ; il se serait convaincu qu'il
ne faut pas accueillir avec trop de crédulité les renseignements fournis par les abolitionistes, et il aurait réservé
son admiration pour des résultats mieux constatés.

Adresse de l'Assemblée coloniale d'Antigues, au gouverneur, sir W. Colebrooke (1) :

« Nous sommes obligés de faire connaître à Votre
Excellence que *l'état de l'agriculture décline*, et est
aujourd'hui beaucoup moins prospère que dans les pre-
mières années qui ont suivi l'émancipation (1854), sans
qu'on puisse nous attribuer cet état rétrograde.

« La Couronne est aujourd'hui menacée de perdre ses
revenus, et nous, nous sommes exposés *à la ruine de
nos propriétés*.

« Notre Assemblée se propose de mettre sous les yeux
de Votre Excellence, les faits qui établissent trop clai-
rement le déclin de notre prospérité ; et nous vous ferons

____

(1) Pages 104, 105 et 106, III⁰ part. des Papiers parlementaires.

cependant remarquer que sans deux années d'un temps favorable, ce déclin serait plus sensible encore.

« Il est malheureusement de notoriété publique, que chaque jour les habitudes des noirs deviennent moins régulières. Les traitements les plus doux, les salaires les plus élevés ne suffisent plus pour les retenir sur les habitations où ils avaient toujours résidé.

« Nous éprouvons les plus grandes difficultés pour obtenir la somme de travail strictement nécessaire pour les opérations manufacturières d'une habitation à sucre.

« La culture des denrées de première nécessité, cesse graduellement sur toutes les parties de l'île, et nous sommes forcés de demander nos approvisionnements à l'étranger.

« Enfin la répugnance des noirs pour tous travaux agricoles se montre avec tant d'énergie, dans la génération nouvelle, que nous n'avons pas la plus légère certitude de pouvoir à l'avenir produire les objets nécessaires à notre existence ! »

Telle est aujourd'hui la position d'Antigues, l'Eldorado, la terre promise des abolitionistes ! Et cependant, comme le faisait observer avec raison le rapport :

« Antigues est dans une situation toute particulière ; presque toutes les terres y sont occupées ; on y est presque aussi serré qu'en Europe. Le nègre se trouve donc placé dans cette alternative *de mourir de faim ou de travailler.* »

« A Antigues d'ailleurs, et cette cause est plus puissante aux yeux de tout homme qui sent et qui raisonne, esclavage a toujours été d'une mansuétu de toute particulière, et les maîtres y ont fait d'eux-mêmes, depuis très longtemps, les plus grands efforts pour améliorer les mœurs des nègres et se concilier leur affection.

« On se rappelle que ce sont eux seuls qui, en 1834, ont voulu faire passer leurs esclaves de la servitude à la liberté complète, sacrifiant ainsi le travail gratuit que le bill d'émancipation leur permettait d'exiger pendant six ans. Ce fait suffit pour expliquer tout ce qui l'a précédé et suivi. Des hommes qui sont capables d'en agir ainsi vis-à-vis de leurs esclaves, montrent qu'ils ont été des maîtres pleins de douceur et de miséricorde, et l'on conçoit aisément qu'ils n'aient pas rencontré d'affranchis rebelles. »

Nobles déceptions d'une philanthropie généreuse mais aveugle!

Ces affranchis qui devaient se montrer si reconnaissants de ce que leurs anciens maîtres avaient fait pour eux, les indemniser de leurs sacrifices, sont devenus chaque jour moins réguliers dans leurs habitudes; les traitements les plus doux, les salaires les plus élevés, n'ont pas suffi pour les retenir sur les habitations; leur répugnance pour les travaux agricoles a éclaté avec une énergie toujours croissante. Et les choses en sont venues à ce point, que ces maîtres *si généreux* qui ont donné volontairement la liberté à leurs esclaves, que ces maîtres *pleins de douceur et de miséricorde*, ne peuvent plus obtenir de leurs affranchis le travail strictement nécessaire; et se voient forcés de tirer leur subsistance du dehors, pour ne pas mourir de faim !

Aux Etats-Unis d'Amérique où l'on suit avec anxiété toutes les phases de l'expérience anglaise, où l'on a tant d'intérêt à l'étudier, les divers états de l'Union possédant plus de 3,ooo,ooo d'esclaves , on pense généralement qu'elle aura une issue malheureuse.

M. Clay, un des membres les plus distingués du sénat, un des candidats à la Présidence, disait, dans la session de 1839 , sans trouver de contradicteur :

Résultats de l'expérience anglaise, suivant les rapports faits à notre gouvernement.

« Tout en désirant de toute mon âme un succès complet à l'émancipation anglaise, j'avoue que j'en augure, en tremblant, la plus désastreuse issue. »

Les rapports officiels reçus par le gouvernement français ne sont pas d'une nature favorable.

M. *Bernard* , procureur général à la Guadeloupe;

M. *Aubert Armand* , conseiller à la Cour royale de la Martinique ;

M. *Perdaillant ,* officier supérieur dans la marine ;

Ont adressé des rapports au Ministre de la marine et des colonies antérieurement au 1er août 1838.

Tous s'accordaient à reconnaître que les apprentis travaillaient moins que les esclaves ; et manifestaient la crainte que l'apprentissage terminé ils ne cessassent entièrement de travailler à la terre.

M. de *Montbrison* , aide-de-camp du gouverneur de Bourbon, et chargé par lui d'une mission à Maurice, déclare, dans son rapport du 1er décembre 1838 :

« Que les noirs non ruraux se refusent à tout travail et cherchent dans le vol le prix de leur rachat ; que les ruraux, au contraire, pour arriver au même but , travaillent pendant le temps de liberté que la loi leur accorde ; qu'à peine libérés, les uns et les autres se livrent à l'oisiveté et à ses déplorables conséquences, que cet exemple sera, à quelques exceptions près, généralement suivi lors de la libération définitive (1); qu'en vain on espérerait pouvoir amener les noirs, sans emploi de moyens coërcitifs, au travail, à la fréquentation des écoles et des ateliers, à la religion, au mariage enfin qui marquerait le premier pas et le plus important fait par cette race vers un état social plus avancé; que si les propriétés territoriales conservent la même valeur c'est que la production est restée la même, grâce à l'introduction de 18,000 Indiens, et que le prix des sucres est fort élevé; deux causes sans lesquelles l'émancipation eût porté un coup funeste à la fortune de la colonie. »

Dans la correspondance postérieure au 1er avril 1839, date de l'émancipation définitive, on lit :

« Le premier de ce mois, les prédiaux ont tous été libérés, et si les habitants n'avaient pas eu dans leurs Indiens un noyau de travailleurs sur lesquels ils pouvaient compter, il serait difficile de préciser les effets désastreux qu'aurait eus cette brusque émancipation. Presque tous les nouveaux affranchis ont quitté leurs anciens maîtres, avant même d'avoir songé à se procurer un gîte ; ils arrivaient par bande au Port-Louis, espérant y trouver une case et un emploi à leur guise.

« Au bout de quelque temps, quelques-uns, mais en très petit nombre, sont retournés chez leurs maîtres ; d'autres sont allés s'engager chez divers habitants, mais tous ceux qui avaient quelques moyens se sont réfugiés dans les petites cases des faubourgs, et vivent là dans une complète oisiveté.

« Au dire de tout le monde, la culture de la canne à

---

(1) L'émancipation qui a eu lieu dans toutes les colonies occidentales, le 1er août 1838, n'a eu lieu à Maurice que le 1er avril 1839.

sucre ne pourra être continuée que sur les propriétés
les plus productives.

« La plupart des colons dont la fortune est réalisa-
ble se disposent à quitter le pays. »

1er *Mai* 1839.

« Dans ma dernière lettre, je disais que presque tous
les noirs des grandes propriétés rurales avaient abandonné leurs travaux, les uns pour venir se fixer à la
ville, les autres pour aller s'engager sur les petites propriétés.

« Les choses sont encore dans le même état, il paraît
même que la masse des ci-devant laboureurs a pris son
parti et est bien décidée à ne pas coopérer aux travaux
des sucres.

« Un grand nombre d'ex-apprentis se sont retirés
chez de pauvres habitants où ils espèrent vivre du produit des légumes, des racines et des fruits qu'ils culti-
vent et vendent de compte à demi avec les propriétaires ; et il faut si peu de chose à ces hommes, qu'il est
très probable qu'ils préféreront ce genre de vie à tout
autre. »

1er *Juin.*

« Le mois qui vient de s'écouler n'a apporté aucune
amélioration dans la conduite des travailleurs, et con-
séquemment dans la position des propriétaires. Loin
que la désorganisation ait cessé elle augmente au contraire chaque jour, et l'approche de la récolte inspire
aux planteurs des craintes qui sont malheureusement

trop fondées. Il est certain aujourd'hui que la coupe ne se fera pas entièrement partout, et que là où elle se fera, ce ne sera qu'à force de sacrifices pécuniaires, si les planteurs ne se procurent pas un nombre d'Indiens suffisant pour l'exploitation de leurs propriétés.

« Un pacte avait été fait entre les habitants, par lequel ils s'engageaient à ne donner que de 2 à 3 piastres par mois aux travailleurs ruraux. (C'est le maximum de ce qu'on donne aux Indiens engagés pour 5 ans.)

« La nécessité a bientôt obligé les colons de renoncer à ce pacte. Ceux qui manquaient absolument de travailleurs ont engagé des hommes à tout prix ; et aujourd'hui de simples laboureurs obtiennent de 7 à 8 piastres par mois ; et comme les premiers qui se sont engagés ne reçoivent que de 2 à 3 piastres, il résulte de cette différence un mauvais vouloir et des désertions qui, chaque jour, deviennent plus considérables. Quant aux déserteurs, une fois sortis de l'habitation sur laquelle ils étaient employés, il devient impossible de les contraindre à retourner à leurs travaux, parce que ces hommes n'ont aucune physionomie sociale, et qu'ils n'ont ni nom de famille, ni parents, ni demeure ; que la police est sans action, et que les lois ordinaires ne sont d'aucun effet. Et c'est là le grave inconvénient des lois générales appliquées aux noirs des colonies.

« Lorsque dix hommes, par exemple, bien et dûment engagés devant un magistrat, rompent leur engagement et disparaissent d'une propriété, faudra-t-il que le maître quitte ses occupations, sa famille, pour aller plaider contre ces mêmes individus ? Pourquoi le ferait-il ? De quel avantage serait pour lui une condamnation prononcée contre eux ? Cette condamnation ne peut avoir pour objet qu'une amende en forme de dommages-intérêts ou un emprisonnement plus ou moins long; mais on ne fait point payer une amende à des gens qui ne possèdent rien, absolument rien, pas même la chemise qui les couvre; et quant à l'emprisonnement, il ne retire pas le plaignant de l'embarras où le plonge la désertion des travailleurs.

« Au surplus, ces poursuites seraient illusoires, la police ne pouvant presque jamais parvenir à se saisir des délinquants.

« En présence de ces faits, les colons, planteurs, négociants, industriels, se sont réunis pour demander à S. M. la continuation de l'introduction des travailleurs de l'Inde. »

1er Juillet 1839.

« Les résultats de ce mois ne sont pas plus satisfaisants que ceux contenus dans une lettre du 1er juin.

« La paresse et le mauvais vouloir des apprentis émancipés continuent et vont en augmentant.

« L'opinion générale est que le peu de noirs que l'on est parvenu à engager pour la grande culture, dans les premiers jours de l'émancipation, refuseront de se réengager à l'expiration de leur année; ou n'en consentiront de nouveaux qu'à des conditions extrêmement onéreuses pour les propriétaires.

« Ils ne se font d'ailleurs aucun scrupule de rompre leurs engagements; et comme on ne sait où les reprendre, quand ils ont quitté, les engagements avec de pareilles gens sont complétement illusoires.

« L'émancipation a déjà fait bien des victimes depuis le 1er avril; l'ivresse et le défaut de nourriture ont fait périr plus d'un noir adulte, et la privation des soins et des secours médicaux a causé la mort d'un nombre infini d'enfants et d'apprentis.

« Tout ce qui se rapporte au service domestique, loin de s'améliorer avec le temps, ne fait au contraire qu'empirer. Je crois inutile de dire que cette loi de la nécessité qui est si impérieuse en Europe, n'existe point ici.

« Si le sucre éprouve une hausse considérable dans cette île, et par contre-coup en Angleterre, c'est en raison de la cherté excessive de la main-d'œuvre. Si le prix du sucre ne se soutient pas, la colonie est ruinée.

« Une partie nombreuse de la population, entièrement privée d'éducation morale et religieuse, ennemie du travail, adonnée à tous les vices et excès, retournant rapidement à la barbarie ; voilà le spectacle que j'ai sous les yeux ; spectacle qui m'afflige en proportion du désir que j'avais de voir les anciens esclaves jouir du bonheur que peut procurer le travail civilisateur et la liberté sagement comprise. »

1er *Août*.

« La désorganisation continue ; les apprentis nouvellement libérés s'éloignent de plus en plus du travail. Les habitants sucriers, pour pouvoir faire leur coupe de cette année, sont obligés de la commencer un mois plus tôt, et ils ne la finiront qu'un mois plus tard. — Mais la coupe de cette année n'est pas la seule qu'ils doivent avoir en vue : et si l'autorisation d'introduire d'autres Indiens n'arrive pas en temps convenable, beaucoup de propriétaires seront dans l'impossibilité

de renouveler leurs plantations ; ceci causera un préju-
dice immense à la colonie. »

1er *Septembre.*

« En continuant ma série d'observations sur les effets
de l'émancipation des esclaves de Maurice, j'ai le regret
de vous annoncer qu'il n'y a eu aucune amélioration
dans les idées ou dans la conduite des nouveaux affranchis.

« Les noirs qui s'étaient engagés comme cultivateurs
dans les premiers jours de l'affranchissement général
désertent de tous côtés, soit pour aller chercher ailleurs
un salaire plus élevé, soit pour s'adonner à quelque
misérable et paresseuse industrie, et le plus souvent dans
l'unique but de faire acte d'hommes libres.

« Cet abandon des travaux au moment de la coupe,
met les propriétaires sucriers dans la position la plus
embarrassante, et les force à payer des prix exorbitants
les quelques hommes qui veulent bien travailler à la
grande culture, encore faut-il observer que ces derniers,
malgré le taux élevé des salaires, ne consentent à s'engager qu'au mois, se réservant de se retirer si le maître
ou le travail ne leur convient pas. On sentira combien
le manque de travailleurs et l'impossibilité où se trou-
vent les habitants de compter sur ceux-là même qu'ils
ont engagés, doivent nuire à un genre de culture qui
exige des forces considérables et permanentes.

« De tous ces faits, il résulte que la coupe de cette
année donnera beaucoup moins que celle des années
précédentes. Les mêmes habitants qui manipulaient de

10 à 15 milliers de sucre par jour, ont de la peine à faire le tiers de cette quantité.

« Les noirs qui ont abandonné la culture se réfugient, comme je l'ai déja dit, dans la ville et les faubourgs, où on voit des groupes nombreux, hommes, femmes et enfants qui passent leur vie dans la plus honteuse oisiveté.

« L'existence de ces individus serait véritablement un problème inexplicable, si les vols qui se commettent au Port-Louis et dans la campagne ne venaient démontrer que les paresseux ont ici d'autres ressources que celles qu'ils pourraient trouver dans le travail. »

Etat des prisons au 10 août 1839.

« Prison de la ville..................... 275
Fort Adélaïde......................... 64
Hôpital................................ 10
Moulin à poudre....................... 67
Bagne................................. 150
A la police........................... 60

Total........................... 626

« Au mois d'août 1833, l'Etat des prisons n'offrait en tout que 70 détenus.

« Certes, cette progression ne parle pas en faveur des résultats de l'émancipation à Maurice; mais que pensera-t-on lorsqu'on saura qu'au moment où j'écris, les dix-neuf vingtièmes au moins des délits et des crimes échappent aux recherches de la police! Voilà un fait qui est pourtant de la plus exacte vérité. En Europe, le vol est une exception ; ici, il est dans les mœurs et les habitudes des trois quarts de la population, et le vol est devenu la seule ressource de tous les nouveaux affranchis qui se sont éloignés du travail.

Rapport du 16 mars 1849, de M. Guillet, ordonnateur de la Guyane française, chargé par le Gouvernement d'étudier les résultats de l'émancipation dans la Guyane anglaise.

« Le premier mouvement de la masse des nouveaux libres, a été de s'exempter autant que possible des travaux de la terre et de se porter vers les professions mécaniques.

« Le produit de deux ou trois jours d'un travail assidu pouvant suffire aux besoins de la semaine, il arrive que la paresse ou la dissipation éloigne les travailleurs au moment même où leur présence est le plus nécessaire ; en sorte que les intérêts des maîtres sont le plus souvent livrés aux caprices des affranchis, et que l'abandon du travail, quoique partiel, s'il a lieu au moment de la roulaison, par exemple, occasionne de grandes pertes sur le montant des récoltes. Il résulte de là une diminution notable dans les produits exportables.

« La paresse, l'hésitation, l'insousiance des noirs, ont jeté le découragement parmi bon nombre de planteurs, et déterminé l'abandon de diverses parties d'habitations jadis cultivées sur toute leur étendue. »

Après ces faits généraux, le rapport expose les faits particuliers qui lui servent de justification.

DISTRICT DE DEMERARY.

Habitation V......

«5oo apprentis de tout âge et de tout sexe composaient, avant le 1er août 1838 , l'atelier de cet établissement.

« Il compte aujourd'hui 18o travailleurs, dont 4o Coulis amenés de Calcutta.

«Le produit était de 8oo boucauts de sucre (6o,ooo k.) le produit actuel est de 4oo à 45o boucauts de sucre; la culture du café est abandonnée.»

Habitation B....

« 3oo apprentis avant le 1er août; même nombre de laboureurs depuis cette époque.

« Refus de travail le 5 mars. Produit nul. »

Habitation R......

« 65o noirs avant l'apprentissage produisaient 8oo boucauts de sucre et 16o milliers de café; depuis le 1er août, l'atelier est réduit à 4oo personnes dont 1oo laboureurs seulement et 4o ouvriers. Le produit est de 5oo boucauts de sucre, la culture du café est abandonnée. »

DISTRICT D'ESSEQUIBO.

Habitation G..... J....

« 133 apprentis avant le 1er août, produisant, 2oo

boucauts de sucre, réduits à 16 laboureurs depuis la cessation de l'apprentissage. Produit nul. »

Habitation K....

« 150 apprentis avant le 1ᵉʳ août.

« Depuis le 1ᵉʳ août 84 laboureurs, dont les deux neuvièmes en femmes et enfants.

« En 1838, 150 boucauts ;

« En 1839, les produits sont à peu près nuls par suite de l'éloignement simultané de 19 laboureurs. »

Habitation A....

« 170 apprentis avant le 1ᵉʳ août, produisant 200 boucauts de sucre, réduits à 76 travailleurs, hommes femmes et enfants, et à un produit de 100 boucauts. »

Habitation O...

« 132 apprentis avant le 1ᵉʳ août, réduits à 62 personnes dont 30 seulement travailleurs.

« En 1837 produisait 185 boucauts ;

« A produit dans les cinq derniers mois de 1838 et les deux premiers de 1839, 56 boucauts.

« Le 2 mars, après avoir reçu les salaires échus, l'atelier a déclaré ne pas vouloir continuer le travail. »

Habitation P....

« L'atelier est resté le même ; mais la production est descendue de 400 boucauts à 200.

Habitation G.... F....

« Atelier de 200 apprentis réduit à 80 depuis le premier août.

« Abandon du tiers des plantages. »

Habitation A... D....

« Produisait 200 boucauts, n'en produit plus que 100. Sur 220 ares de terre qui étaient cultivés avant le 1er août 1838, on n'en cultive plus que 100. »

Les conclusions du rapport sont que nous devons attendre les résultats de l'expérience anglaise.

N'entrer qu'avec une extrême réserve et en ménageant tous les intérêts, dans les voies d'amélioration que réclame le régime en vigueur dans les colonies françaises.

« Que nous devons, en attendant, agir sur le moral des esclaves.

« Enfin, que l'époque n'est pas éloignée où les esprits les plus prévenus reconnaîtront que même sous les conditions les plus favorables, l'émancipation doit avoir pour résultat immédiat et futur la diminution des produits coloniaux et la lésion des graves et nombreux intérêts qui en dépendent. »

Rapport de M. Halley, capitaine de corvette du 3 décembre 1838.

« J'ai recherché les faits pour découvrir la vérité sur les résultats de l'émancipation à la *Jamaïque*. Dans ce but, j'ai visité différentes habitations dans le quartier de Saint-Thomas, partie orientale de l'île, où sont situés des établissements considérables dont la prospérité était grande autrefois, j'en ai visité d'autres dans le voisinage de Kingston. Je me suis mis en rapport avec des propriétaires, des attorneys, des gérants et des magistrats.

« La culture des cannes a été évidemment négligée et la récolte est à peine commencée dans quelques parties de l'île. Dans ce moment il y a tout au plus les deux tiers des cultivateurs susceptibles de bons services qui travaillent encore sans continuité. Ainsi la décroissance annuelle des récoltes, constatée depuis l'apprentissage, sera beaucoup plus grande cette année, principalement dans les lieux où la terre exige une culture soignée. La journée de travail est payée un shilling, un shilling et demi, et quelquefois davantage. Les propriétaires sont dans une position précaire, d'autant plus fâcheuse qu'ils peuvent être arrêtés dans leurs opérations d'un moment à l'autre, et qu'ils n'ont aucune garantie de terminer la récolte quand elle sera commencée, parce qu'on leur imposera alors des conditions trop onéreuses.

« Cette circonstance s'est déjà présentée, etc.

Les conclusions du rapport sont « Que les planteurs ne peuvent obtenir des paysans un travail continu ni suffisant pour leurs opérations ; qu'ils sont dans la nécessité de souscrire à des conditions onéreuses, et de faire toutes les concessions possibles, et cela pour ramasser la récolte qui a été préparée dans l'apprentissage. »

Si je ne tire point des documents anglais et français que je viens d'analyser, la conséquence que l'émancipation des esclaves a échoué dans les colonies anglaises, il me sera du moins permis de dire qu'elle n'a pas jusqu'ici obtenu un succès complet.

Je consentirai, comme la commission, *à ne pas m'arrêter dans une entière certitude;* mais plus conséquent,
par cela même qu'il y a doute, je demanderai un sursis, un plus ample informé; les Chambres ne le refuseront pas, quand elles considèreront que nos colonies
sont dans une situation moins favorable à l'émancipation que ne l'étaient les colonies anglaises.

Il est en effet reconnu que l'instruction morale et religieuse y était beaucoup plus avancée.

Les Esclaves de nos colonies sont moins préparées à l'émancipation que ne l'étaient les esclaves des colonies anglaises.

Cela tient à diverses causes :

Dès 1807 la traite a été supprimée dans leurs colonies.

Jusqu'en 1827 à la Guyane française, jusqu'en 1830
à la Martinique et à la Guadeloupe, la traite a introduit
de nombreux esclaves africains. Ces esclaves étant
très inférieurs aux esclaves créoles (1), leur introduction successive y a retardé le progrès de la civilisation.

Dans les colonies anglaises un grand nombre de jour-
naux libres discutaient chaque jour l'abolition de l'esclavage..... Ces discussions, malgré leur danger, en
éclairant la population esclave, l'avaient préparée à un
changement d'état.

L'esprit religieux de l'Angleterre, le zèle des sectes
dissidentes, des frères moraves et des méthodistes,
avaient multiplié les missions, les instructions, les chapelles dans leurs colonies.

Aussi tous ceux qui les ont visitées ont-ils été frappés
de leur supériorité sur les nôtres, où le culte et l'instruction des noirs laissent tant à désirer (2).

Si les esclaves étaient mieux préparés à profiter de
l'émancipation; les maîtres étaient aussi dans la po-

Les maîtres étaient dans une meilleure situation.

---

(1) Rapport de M. de Tocqueville, pages 499, 500 et 501.
(2) Rapport de M. Bernard, procureur général à la Guadeloupe.

sition de la supporter avec moins de dommage.

M. de Tocqueville reconnaît, dans son rapport (1),
« Que l'émancipation sera d'autant plus facile, la tran-
sition d'un état à l'autre d'autant plus paisible et plus
courte, que les propriétaires du sol seront plus riches.

« Tout devient difficile si l'émancipation s'opère au
milieu de leur gêne ; tout devient périlleux si elle com-
mence au milieu de leur ruine. Il n'y a qu'une société
coloniale prospère qui puisse aisément supporter le pas-
sage de la servitude à la liberté... »

Je ne connais rien de plus vrai que ces observations.

Pourquoi faut-il que M. le rapporteur les ait complétement oubliées à la fin de son rapport, quand il
conclut à ce que le gouvernement présente un projet de
loi *dès la session de* 1841, pour l'abolition générale et
simultanée de l'esclavage ?

Nos colonies seront-elles alors dans un état prospère ?
Les propriétaires du sol seront-ils passés, dans l'espace
d'un ou deux ans, de la gêne à l'aisance, de l'aisance
à la fortune ?

La commission d'après des renseignements qu'elle a
lieu de croire dignes de foi, porte les seules dettes hypothécaires, à la Guadeloupe et à la Martinique, à 130
millions ; c'est-à-dire un quart environ du capital re-
présenté par toutes les propriétés rurales de ces deux
îles (2).

Si on ajoute les dettes hypothécaires de Bourbon et
de la Guyane française, que la commission n'évalue
pas et qu'on peut, proportion gardée porter de 80 à
100 millions.

---

(1) Pag. 25
(2) Rapport, pag. 453.

Si on ajoute encore les dettes personnelles qui s'é-
lèvent à plus de 60,000,000 fr., on aura une idée exacte
de la situation pécuniaire de nos colonies.

La principale cause de cette malheureuse situation
est trop connue pour qu'il soit besoin de le redire ;
c'est le privilége qu'une législation partiale, accorde
depuis tant d'années au sucre indigène !

Le sucre de betterave est inconnu en Angleterre.
La loi anglaise, dans l'intérêt de ces colonies et de sa
marine, l'a tué avant qu'il songeât à naître.

Il existe en effet un acte du parlement anglais du
15 juillet 1837, qui établit, pour le sucre de betterave
indigène le même droit que pour le sucre colonial ; et
qui, dans son extrême prévoyance, va jusqu'à régler
le mode d'exercice pour la perception du droit. Non-
seulement la loi anglaise a prévenu la concurrence du
sucre indigène, mais elle empêche la concurrence du
sucre étranger, par une surtaxe tellement élevée qu'elle
est prohibitive (1).

Quant à nous, c'est à grand'peine, et alors que nos
colonies touchaient à leur ruine, que nous avons accordé
un léger dégrèvement qui laissait encore subsister au
profit du sucre indigène un droit différentiel de 19 fr. 80 c.

Il est vrai que le gouvernement vient de proposer
l'égalité des droits (2).

Mais, comme pour atténuer les heureux effets de

---

(1) Le droit sur le sucre étranger est depuis vingt-cinq ans, de 157 fr. 50 c
par 100 kil.; le droit sur le sucre des colonies anglaises étant de 60 fr. !

La surtaxe est de 97 fr. 50 c.

On propose de la réduire en France à 10 fr.

(2) Projet de loi présenté dans la séance de la Chambre des Députés du 25
janvier.

cette justice tardive, il propose en même temps de revenir contre le dégrèvement de 13 fr. 20 c. opéré par l'ordonnance du 21 août 1839 et de rehausser le droit à 49 francs 50 c.; de réduire à 10 francs la surtaxe sur les sucrés étrangers, et d'accorder une indemnité de 40,000,000 francs, aux fabricants du sucre indigène.

Le projet veut apparemment les indemniser d'avoir joui pendant une longue suite d'années d'une protection inique, d'une protection contraire à l'égalité constitutionnelle qui ne permet pas d'établir des droits différentiels au profit de nationaux contre d'autres nationaux !

J'espère que les Chambres modifieront et amélioreront le projet de loi, en établissant l'égalité des droits, mais réduits à 36 fr. 33 c., conformément à l'ordonnance du 21 août, et en laissant subsister la surtaxe établie par la loi du 26 avril 1838 sur les sucres étrangers, ou du moins en la conservant à 20 francs.

Quant à l'indemnité de 40,000,000, elles la refuseront, parce qu'elle n'est due à aucun titre aux fabricants de sucre indigène.

Cette indemnité leur serait due, et je serais le premier à la réclamer pour eux, si le projet de loi interdisait « A l'avenir la fabrication indigène, s'il remettait au sucre de canne l'approvisionnement intégral du marché. »

M. le Ministre du commerce, dans son exposé des motifs, avoue que cette interdiction *couperait court à toute difficulté.*

Elle avait été recommandée par M. Ducos, rapporteur de la dernière commission de la loi des sucres.

Elle a même été proposée en conseil par l'ancien ministre des finances, M. Lacave-Laplagne.

Je n'examinerai point s'il ne conviendrait pas de créer une exception aux *principes de liberté qui font la base de notre législation industrielle*; si elle ne pourrait pas se défendre par des raisons bien autrement puissantes que l'interdiction de la culture et de la fabrication du tabac.

Mais je ne saurais m'empêcher d'énumérer brièvement les immenses avantages qui en résulteraient pour le trésor, notre commerce maritime et la marine de l'Etat.

La consommation moyenne de la France est évaluée à 130,000,000 kilog. de sucre.

Les colonies en fournissent environ. 80,000,000 kil.

L'étranger en fournirait la différence. 50,000,000

Les 80,000,000 kilog. de sucres coloniaux paieraient, à raison de 49 fr. 50 c. . . . . 39,600,000 fr.

Les 50,000,000 kilog. de sucres étrangers, à raison de 89 fr. 50 c. (1), paieraient 44,750,000

Total. . . . 84,350,000 fr.

Le Trésor a touché en droits sur le sucre colonial en 1839. 29,000,000

Sur le sucre indigène environ. 5,000,000

Total. 34,000,000

Le trésor gagnerait donc un revenu annuel de 50,000,000.

Les importations de France dans nos colonies, en tissus de coton et de lin, en vins, huiles, farines, céréales,

---

(1) **Loi** du 26 avril 1833.

4**

morues, etc., etc., qui depuis 1829 ont diminué de 22,000,000 de fr., remonteraient comme en 1829 à 62,000,000, et suivraient chaque année un mouvement ascensionnel !

Notre navigation coloniale, notre navigation avec l'étranger, aujourd'hui si restreinte, prendraient, grâce au transport des sucres, une grande extension.

Notre navigation de Terre-Neuve, qui échange difficilement les produits de sa pêche avec nos colonies ruinées, et se voit forcée de congédier ses matelots, les rappellerait en plus grand nombre.

Nos populations maritimes si malheureuses, reprendraient courage ; les déclassements deviendraient plus rares ; notre inscription maritime fleurirait ; recruterait le personnel de nos flottes, nous ménagerait *une réserve ;* notre marine pourrait, comme au temps glorieux de Louis XIV, lutter contre toutes les marines du monde ; et la France pèserait de toute sa puissance dans la grande lutte qui menace d'éclater en Orient.

Tels peuvent être les immenses résultats de la loi soumise en ce moment à l'examen des Chambres.

Elles vont prononcer sur notre marine et sur nos colonies, un arrêt de vie ou de mort !

Pour que nos colonies paient leurs dettes, pour qu'elles sortent de cet état de marasme, de ruine, qui, de l'aveu de la commission, rendrait l'émancipation périlleuse, il ne faut pas qu'elles rencontrent de concurrence sur le marché métropolitain « *auquel elles ont seules le droit de prétendre* (1), en vertu d'un principe de

---

(1) Discours du ministre des finances. *Moniteur* de 1837 page 1373.

justice et de réciprocité, puisque la métropole leur défend de recevoir les produits de l'agriculture et de
l'industrie étrangères, qu'elle leur défend également de
vendre leurs produits à l'étranger.

C'est cette concurrence qui les a forcées de baisser
leurs prix et de vendre 54 fr. les 5o kilog. de sucre
qu'elles avaient vendus en 1829, jusqu'à 75 fr., 85 fr.
28 cent. en 1825, 85 fr. 88 cent. en 1825, et qui se vendent en Angleterre 82 francs.

Si les colons anglais se débattent contre l'émancipation, en achetant au poids de l'or, le travail momen-
tané de leurs anciens esclaves ; s'ils peuvent continuer
encore pendant un temps cette lutte difficile , c'est
grâce au prix élevé de leur sucre et aux 5oo millions
d'indemnité.

Je n'entendais point traiter ici la question d'indemnité :

Déjà dans une publication antérieure, j'ai démontré
que les colons avaient droit de l'exiger.

Que leur droit était écrit dans la Charte, qui ne permet
pas d'exproprier un citoyen, sans une juste et préalable
indemnité ;

Que la propriété des colons était légitime comme
toute autre propriété, puisqu'elle avait été sanctionnée
par la loi.

J'ai invoqué les opinions des principaux membres du
parlement anglais.

Les résolutions de la Chambre des communes des
15 mai 1823 et 25 juin 1833, dans lesquelles on lit :

« Que l'abolition de l'esclavage ne portera point
atteinte aux *droits légitimes des propriétaires.*»

L'exposé des motifs du projet de bill de 1833, du

ministre des colonies, *lord Stanley* qui déclare : « Que sans l'indemnité, il n'aurait pas proposé le bill d'émancipation ; qu'il *aurait manqué à l'honneur* en le proposant, et que l'indemnité refusée, le bill serait par lui retiré. (1) »

Je ne me sens pas de goût pour les discussions métaphysiques. Je laisserai à nos modernes Puffendorfs, le soin de discuter la question de l'esclavage, d'après les principes du droit naturel ; et je dirai avec lord *Ripon*, membre du cabinet à l'époque de l'acte d'émancipation de 1833 :

« Si la propriété de l'homme sur l'homme est contraire aux lois de l'humanité ; la loi du pays l'ayant reconnue, l'Etat étant en quelque sorte complice, l'Etat ne peut en dépouiller le maître sans l'indemniser (2). »

Je regrette que le rapport de M. de Tocqueville semble contester le droit des colons.

Il y a sans doute, comme il le dit, et comme l'a pensé la commission unanime, *humanité*, *équité*, *sagesse* à venir *au secours* des colons, mais il y a de plus *obligation* rigoureuse, *devoir* écrit dans la Charte.

Ce n'est point à titre de *secours* que les colons recevraient, c'est à titre de *droit* qu'ils réclameraient l'indemnité.

La discussion sur le principe n'est pas permise, elle ne peut avoir lieu que sur le chiffre, c'est ce chiffre que, suivant moi, il n'est pas possible de fixer actuellement.

---

(1) Séance de la Chambre des Communes du 10 juin 1833.
(2) Séance de la Chambre des Lords du 4 juin 1833.

Si l'esclave continue de travailler après l'émancipation, il est évident que le colon souffrira moins; qu'il souffrira davantage s'il travaille peu, qu'il sera complétement ruiné s'il refuse tout travail.

L'indemnité devra donc varier suivant l'une de ces occurrences.

Quelle devrait être l'indemnité dans le cas malheureusement trop vraisemblable où l'esclave devenu libre refuserait de travailler ?

« Il faudrait tout d'abord que le prix de l'esclave fût payé au maître, il faudrait de plus prendre en considération la valeur de l'habitation à laquelle il est attaché, valeur qui dépend entièrement du travail de l'esclave. » (Lord Stanley, séance de la Chambre des communes du 10 juin 1833.)

Le chiffre de l'indemnité est donc, ainsi que l'a dit avec raison le ministre de la marine dans la séance du 16 février 1838, subordonné à une *éventualité*.

Le parlement anglais, qui le premier a osé tenter la grande et dangereuse expérience de l'émancipation, a accordé aux colons une indemnité à forfait de 500,000,000 fr. et 7 années du travail des anciens esclaves.

Il a de plus assuré à leurs sucres le marché de l'Angleterre (1), et cependant *lord Stanley* a reconnu que « Tous ces sacrifices de la métropole seraient loin d'indemniser les colons si l'abolition de l'esclavage devait amener l'abandon de la culture du sucre (2). »

---

(1) Lord Althorp, séance du 11 juin 1833.
(2) Même séance.

Cette culture sera-t-elle abandonnée?

Le rapport affirme qu'elle ne le sera pas ; il affirme aussi, comme on l'a déjà vu, « Que la culture à l'aide des noirs affranchis sera plus productive et moins onéreuse que la culture à l'aide des noirs esclaves. »

Rien ne justifie cette affirmation qui, au contraire, se trouve démentie par les faits.

Depuis l'émancipation complète du 1ᵉʳ août 1838, ce n'est qu'avec des salaires excessifs que les colons anglais ont pu décider les noirs au travail, et encore le plus grand nombre s'y refuse ; aussi la culture décline-t-elle sensiblement.

Les rapports officiels établissent que les neufs premiers mois de 1839 ont donné un septième de moins de sucre que les neuf premiers mois de 1838.

Si la production suit la même marche décroissante, dans six ans elle sera complétement anéantie.

Ces tristes prévisions se réaliseront-elles?

Encore quelques années, et nous le saurons ; encore quelques années, et nous aurons la solution de ce grand problème : « Si la culture, entre les tropiques peut se faire avec le travail libre. »

Le jour où l'expérience aura démontré cette possibilité, les colons viendront eux-mêmes demander l'abolition de l'esclavage, et on ne trouvera pas dans la métropole d'abolitionistes plus ardents.

Mais s'il est établi au contraire que la culture par les noirs libres est une chimère des abolitionistes, la France s'obstinera-t-elle à les suivre dans leurs projets d'abolition?

Non, si j'en crois le rapport de M. de Tocqueville :
« la France ne veut pas détruire l'esclavage, pour avoir

la douleur de voir les blancs ruinés quitter le sol des colonies, et les noirs retomber dans la barbarie; elle ne veut pas livrer nos colonies à des hordes de sauvages.»

Attendez donc!

L'expérience anglaise suit rapidement son cours; elle va s'accomplir. Attendez!

FIN.

www.ingramcontent.com/pod-product-compliance
Lightning Source LLC
LaVergne TN
LVHW010324030726
842520LV00004B/1245